Made in the USA
Columbia, SC
19 December 2021

52173700R00067